U0958993

中央纪委国家监委　最高人民检察院
发布的5起行贿犯罪典型案例

（第二批）

中国方正出版社

目　录

关于印发行贿犯罪典型案例（第二批）的通知

各省、自治区、直辖市纪委监委、人民检察院，中央纪委国家监委各派驻机构、派出机构，新疆生产建设兵团纪委监委、人民检察院，各中管企业、各中管高校纪检监察机构：

2022 年 4 月，国家监察委员会、最高人民检察院联合发布了第一批共 5 起行贿犯罪典型案例，取得良好政治效果、纪法效果、社会效果。为深入贯彻党的二十大关于“坚持受贿行贿一起查”决策部署和二十届中央纪委二次全会关于“坚持受贿行贿一起查，加大对行贿行为惩治力度”的部署要求，持续落实《关于进一步推进受贿行贿一起查的意见》，充分发挥典型案例指导作用，提高受贿行贿一起查的综合治理效能，切实提升行贿犯罪案件办理质效，中央纪委国家监委、最高人民检察院再次组织选编了第二批共5起行贿犯罪典型案例，现予印发，供参考借鉴。各级纪委监委、检察机关要不断提高政治判断力、政治领悟力、政治执行力，始终坚持严的基调、严的措施、严的氛围，加大对行贿犯罪惩治力度，形成工作合力，突出打击重点，深化标本兼治、系统治理，一体推进不敢腐、不能腐、不想腐，坚决打赢反腐败斗争攻坚战持久战。

中共中央纪委办公厅

国家监察委员会办公厅

最高人民检察院办公厅

2023年3月12日

陈某某行贿、对有影响力的人行贿、对非国家工作人员行贿案

【关键词】

行贿　对有影响力的人行贿　对非国家工作人员行贿　指定管辖　扫黑除恶

【要　旨】

对行贿犯罪与涉黑犯罪相交织，通过行贿帮助黑社会性质组织形成“保护伞”的，要坚决予以严惩。对于一人犯数罪等关联犯罪案件，分别由不同地方的监察机关、公安机关调查、侦查后移送审查起诉的，应当统筹起诉、审判管辖。经审查起诉，拟改变罪名的，检察机关应当及时与监察机关沟通，依法处理。

【基本案情】

被告人陈某某，男，1968 年 9 月出生，汉族，东

某实业有限公司实际控制人。

（一）行贿罪。2008 年至 2018 年，陈某某多次给予时任某市某镇镇长陈某军（已判决）、某市某镇党委书记陈某阵（已判决）、某市公安局某分局刑警大队大队长黎某某（已判决）财物折合共计 458.35 万余元人民币（币种下同），以帮助其在承揽工程项目、违规流转土地及其领导的黑社会性质组织成员逃避刑事处罚等方面谋取不正当利益。

（二）对有影响力的人行贿罪。2008 年至 2019 年，陈某某多次给予时任某市党委主要领导的司机麦某（已判决）财物折合共计 458.57 万余元。陈某某在麦某的帮助下，利用某市党委主要领导的职权和地位形成的便利条件，并通过某县发展改革委主任许某等人职务上的行为，在承揽工程项目等方面谋取不正当利益。

（三）对非国家工作人员行贿罪。2010 年至 2011 年，陈某某多次给予时任某市某镇某村党支部书记熊某某（已判决）钱款共计 200 万元，以帮助其实际控制的东某实业有限公司在办理土地经营权流转方面谋取不正当利益。

陈某某涉嫌组织、领导黑社会性质组织、故意伤害等犯罪（具体事实略），经海口市公安局侦查终结移送审查起诉，海口市人民检察院于 2020 年 9 月 27 日向海口市中级人民法院提起公诉。2020 年 12 月 21 日，海口市中级人民法院一审判处陈某某死刑，缓期二年执行，剥夺政治权利终身，并处没收个人全部财产。

陈某某涉嫌行贿罪、对非国家工作人员行贿罪，由海南省三亚市监察委员会调查终结，于 2020 年 10 月 19 日向三亚市人民检察院移送审查起诉。三亚市人民检察院于 10 月 22 日将本案移送海口市人民检察院审查起诉。同年 11 月 17 日，海口市人民检察院以陈某某涉嫌行贿罪、对有影响力的人行贿罪、对非国家工作人员行贿罪提起公诉。2021 年 7 月 26 日，海口市中级人民法院作出一审判决，以行贿罪判处陈某某有期徒刑十一年，并处罚金九十万元；以对有影响力的人行贿罪判处其有期徒刑六年，并处罚金八十万元；以对非国家工作人员行贿罪判处其有期徒刑四年，并处罚金六十万元；数罪并罚决定执行有期徒刑十七年，并处罚金二百三十万元。与前犯组织、领导黑社会性质组织罪、故意伤害罪等数罪并罚，决定执行死刑，缓期二年执行，剥夺政治权利终身，并处没收个人全部财产。一审判决后，被告人陈某某未上诉，判决已生效。

【监察、检察履职情况】

（一）依法办理互涉案件司法管辖，统筹做好主案和关联案件审查起诉工作。本案中，陈某某犯罪性质恶劣、影响重大，且一人犯数罪，分别由不同地方的监察机关、公安机关调查、侦查，且办案时间、阶段存在不同。为保证案件衔接顺畅，监察机关加强与公安机关的协调工作，强化对全案的统筹指导，就案件调查、侦查工作进度及司法管辖等事项及时与检察机关沟通。在陈某某涉黑、故意伤害等犯罪案件已由海口市人民检察院提起公诉后，检察机关及时商请审判机关将陈某某涉嫌行贿犯罪一并指定海口市司法机关管辖，以利于查明全案事实及此罪与彼罪的关联问题，确保总体把握案情和正确适用法律。

（二）审查起诉过程中强化监检配合，补充完善证据，准确认定罪名。监察机关以陈某某涉嫌行贿罪、对非国家工作人员行贿罪移送起诉，检察机关经审查发现，行贿罪中，陈某某向麦某行贿的犯罪事实定性可能不准确，向监察机关提出意见。监察机关经补证，查明麦某是时任某市主要领导的专职司机，系与国家机关签订劳务合同的聘用人员，不具有国家工作人员身份，工作职责也不属于从事公务；其主要利用与领导的密切关系以及领导司机的特殊身份，直接或通过该领导向其他国家工作人员打招呼，帮助陈某某在承揽工程项目等方面获取不正当利益。检察机关经与监察机关沟通，认定为对有影响力的人行贿罪，起诉后得到审判机关判决的确认。

（三）综合全案犯罪情节，依法提出从严惩处的量刑建议。检察机关综合考虑陈某某行贿类犯罪与涉黑犯罪之间的关系，认为其行贿行为谋取的利益，既有为其领导的黑社会性质组织谋取经济来源，也有帮助该黑社会性质组织的成员逃避法律追究，具有"向三人以上行贿""将违法所得用于行贿""向司法工作人员行贿，影响司法公正"等情形，犯罪性质恶劣、社会危害性大，应当予以严惩，依法向审判机关精准提出量刑建议，并获审判机关判决支持，取得良好办案效果。

【典型意义】

（一）办理行贿案件和关联案件过程中，应当统筹确定司法管辖。对于一人犯数罪等关联犯罪案件，由不同地方的监察机关、侦查机关分别调查、侦查的，监察机关、检察机关应当加强沟通，从保证整体办案效果出发，统筹提出司法管辖的意见，由检察机关及时商请人民法院办理。一般应当坚持随主案确定管辖的原则，由受理主案的司法机关一并管辖关联案件，确保案件统一认定、妥善处理。

（二）应当注重审查不同类型行贿犯罪的区别，检察机关拟改变定性的，应当及时与监察机关沟通，依法处理。对涉嫌行贿犯罪的，检察机关应当注意审查受贿人主体身份、职责范围、涉案人关系等方面证据，依法准确认定罪名。对于受贿人不属于国家工作人员的，不能认定为刑法第三百八十九条规定的行贿罪，应根据其实际身份及与国家工作人员的关系，符合第一百六十四条、第三百九十条之一规定的，分别认定为对非国家工作人员行贿罪、对有影响力的人行贿罪。在审查起诉中，检察机关发现监察机关移送审查起诉时认定的罪名可能定性不准的，应当及时与监察机关沟通，根据查明的事实依法准确认定罪名。

（三）办理行贿犯罪案件，检察机关应当根据犯罪事实、性质、情节和社会危害程度，依法提出量刑建议。对行贿犯罪与涉黑犯罪相交织，通过行贿帮助黑社会性质组织形成“保护伞”的，要坚决予以严惩。检察机关应综合考量谋取不正当利益的性质、所涉领域、国家和人民利益遭受损失等情况，依法提出从重处罚的量刑建议。

【相关规定】

《中华人民共和国刑法》第三百八十九条、第三百九十条、第三百九十条之一、第一百六十四条第一款

《中华人民共和国监察法》第四十五条

郭某某行贿案

【关键词】

行贿　矿产资源领域　“家族式”腐败　宽严相济

【要　旨】

矿产资源领域资金密集、利润巨大，行政审批环节多、权力集中，是行贿受贿易发多发重点领域，监察机关、检察机关要加强对矿产资源领域行贿受贿犯罪的查办。对于严重破坏政治生态、经济生态的“家族式”腐败，必须坚决予以惩处。

【基本案情】

被告人郭某某，男，1969 年 2 月出生，汉族，某市某矿业有限公司法定代表人。

2007 年至 2013 年，郭某某为在矿山工程承揽、收购公司股份、矿山经营等过程中获取不正当利益，给予时任某省地质矿产勘查开发局副局长、某地矿资源股份有限公司（以下简称地矿公司）董事长、某省有色地质局局长等职务的郭某生（郭某某哥哥，已判决）房产、车辆及现金等财物折合共计 2832.74 万元人民币（币种下同）。

2012 年，郭某某为感谢担任地矿公司财务总监的邓某某（已判决）利用其职务便利，在公司注册、收购地矿公司股份、入股并经营某矿业公司等事项上提供帮助，多次给予邓某某财物折合共计 1721.8 万元。

2007 年 1 月至 4 月、2011 年至 2013 年，郭某某为感谢担任某云矿金业公司总经理的和某某（已判决）在收购矿山和矿山经营开发中获取不正当利益提供帮助，先后多次给予和某某现金共计 973 万元。

综上，郭某某为谋取不正当利益，给予国家工作人员财物折合共计 5527.54 万元。

本案由云南省玉溪市江川区监察委员会调查终结，于 2018 年 12 月 26 日移送江川区人民检察院审查起诉。2019 年 2 月 22 日，江川区人民检察院以郭某某涉嫌行贿罪向江川区人民法院提起公诉。同年 9 月 5 日，江川区人民法院以行贿罪判处郭某某有期徒刑五年，并处罚金五十万元。判决宣告后，郭某某提出上诉。玉溪市中级人民法院于2020年12月17日裁定撤销原判，发回重审。2021年12月24日，江川区人民法院判决认定郭某某构成行贿罪，因其具有自首、立功等情节，判处郭某某有期徒刑四年六个月。郭某某未再提出上诉，判决生效。

【监察、检察履职情况】

（一）仔细研判犯罪主体，准确把握案件定性。本案中，郭某某是在经营某矿业公司时向其兄郭某生及邓某某等人行贿，案件性质认定上存在个人行贿还是单位行贿的分歧。检察机关经认真审查案件证据，并与监察机关充分沟通后，认为郭某某实施行贿的主观故意系其本人产生，没有通过集体讨论等方式形成单位意见，是郭某某个人意志的体现。同时，用于行贿的资金全部来自公司所得利润分配给郭某某个人所有的钱款，并未使用公司款项，也未经过公司财务管理系统，且行贿所得利益归属其个人。综合全案证据，检察机关依法以郭某某涉嫌行贿罪提起公诉，法院判决确认。

（二）全面审查认定事实，依法严惩行贿行为。监察机关、检察机关相互配合、全面梳理、核实犯罪事实，依法认定行贿受贿双方内外勾结造成国有资产流失的情况。经过逐项梳理郭某某行贿犯罪事实，发现其利用郭某生的职务便利及职务影响力，获取郭某生及其他公职人员的帮助并进行利益输送，在收购和经营国有矿产资源过程中获取高额利润，导致4800余万元国有资产流失，严重影响矿产资源勘探开发秩序。由于行贿对象涉及多个国家机关和国有矿产企业的公职人员，行贿次数多、时间跨度长，行贿财物除了货币外，还有房产、商铺、车辆等巨额财物，加之行贿受贿双方利用亲情关系，采用代为持有等较为隐蔽的手段收受财物，给事实的认定带来较大困难。监察机关、检察机关充分运用工作会商机制，加强协商研判，认定他人代持的房产、车辆等涉案财物应当计入行贿数额。如郭某某的妻子代为持有的价值220万余元的别墅和商铺、落户在郭某生女婿名下的价值100余万元的车辆均被依法认定为贿赂所得，并最终被法院判决所确认。

（三）适用认罪认罚从宽制度，落实宽严相济刑事司法政策。本案行贿数额高达5527.54万元，且具有向三人以上行贿、造成国有资产流失等情况，应当认定为“情节特别严重”。但郭某某在调查期间认罪态度较好且有积极悔罪表现，主动交代了监察机关尚未掌握的其向郭某生行贿2152.49万元的事实，供述始终稳定，积极协助监察机关追缴涉案款物，对与本案相关的其他系列案件顺利查办起到关键性作用。其还在调查期间主动揭发他人犯罪行为且经查证属实，构成立功。审查起诉阶段，检察机关在准确认定案件性质、事实及量刑情节的基础上，多次向郭某某详细说明认定罪名和量刑建议的法律规定，充分释法说理，郭某某愿意认罪认罚，并在辩护人的见证下自愿签署了认罪认罚具结书。检察机关提起公诉时，依法建议对其从轻或者减轻处罚。法院作出重审一审判决后，被告人郭某某认罪服法。

【典型意义】

（一）坚持受贿行贿一起查，加大对重点领域行贿犯罪查办力度。国有企业尤其是矿产企业经营过程中，涉及资金量大，专业性强，监管难度较大。监察机关、检察机关要紧盯重点领域，加大办案力度。办理矿产资源领域行贿受贿案件时，要积极争取自然资源、审计等相关职能部门的支持，进一步强化协作配合。监察机关在办案中遇到证据收集、事实认定、案件定性、法律适用等问题，可以向行政机关进行咨询，听取检察机关意见或者邀请检察机关提前介入，也可以组织进行研究论证，共同形成打击行贿犯罪的合力。

（二）准确把握单位行贿罪与行贿罪的区分，从意志体现及利益归属两方面依法予以认定。对于公司、企业主管人员或实际控制人行贿的，应当结合单位性质、组织管理机制、资金来源、犯罪收益归属等进行综合判断，准确区分认定行贿罪及单位行贿罪。行贿罪的犯罪故意产生于行贿人自身，而非来源于单位意志，行贿所得利益亦归属于行贿人个人；单位行贿罪是出于单位意志，获取的不正当利益归属于单位。对于以单位名义行贿，而利益归个人所有的，应当认定为自然人犯罪。

（三）斩断腐败问题利益链，依法惩治“家族式”腐败。“家族式”腐败作案手段较为隐蔽，依仗领导干部的权力和影响力，以亲情为链条，通过经商办企业谋取私利，严重破坏政治生态和经济生态，危害极大。针对“家族式”腐败的特点，监察机关、检察机关要加大调查、审查力度，重点关注亲属间的资金流向、财产状况、关联企业等情况，全面分析腐败问题背后的利益链，深挖建立在亲情关系基础上权钱交易行为或者问题线索，营造和弘扬崇尚廉洁、抵制腐败的良好风尚。

【相关规定】

《中华人民共和国刑法》第三百八十九条、第三百九十条

《中华人民共和国刑事诉讼法》第十五条、第一百七十六条

《中华人民共和国监察法》第四十五条

马某某、徐某某等九人系列行贿案

【关键词】

行贿　交通执法　洗钱　立案监督　监检配合　溯源治理

【要　旨】

检察机关在提前介入受贿案件时，发现行贿犯罪人线索，应当向监察机关提出意见建议。对监察机关依法移送公安机关的洗钱等刑事犯罪线索，检察机关应履行立案监督职责，促使公安机关及时依法立案侦查。对案件暴露出的相关单位廉政、履职中的普遍性、倾向性问题，监察机关、检察机关可以督促相关单位进行整改。

【基本案情】

被告人马某某、徐某某等9人，系从事汽车维修、高速公路停车场运营、车辆年审服务等业务的社会人员。

2017 年 1 月至 2018 年 10 月，马某某、徐某某等 9 人分别多次请托某市公安局高速交警支队某大队交通民警刘某（已判决），由刘某利用负责查处车辆违法的职务便利，对其大队查处的违法车辆予以放行，帮助违法人员逃避处罚。为感谢刘某的帮助，马某某、徐某某等 9 人分别向刘某行贿 3.58 万元人民币（币种下同）至 15.34 万元不等。

2019 年 4 月 17 日至 2020 年 3 月 30 日，山东省济南市历下区监察委员会陆续将马某某、徐某某等 9 人以涉嫌行贿罪移送济南市历下区人民检察院审查起诉。历下区人民检察院经审查，均适用认罪认罚从宽制度。案件提起公诉之后，济南市历下区人民法院全部采纳量刑建议，于 2019 年 7 月 15 日至 2020 年 8 月 28 日，分别以行贿罪判处马某某、徐某某等 9 人有期徒刑六个月、缓刑一年至有期徒刑十个月不等，分别并处罚金十万元。判决均已生效。

【监察、检察履职情况】

（一）准确把握案件定性，严厉打击交通执法领域行贿犯罪。监察机关对刘某受贿案立案调查时，就案件定性、取证方向等听取检察机关意见。检察机关认为，刘某涉嫌受贿罪，同时基于案件存在的每笔行贿数额仅有几千元，而对应的货车司机及车主数量众多，与受贿人刘某无直接接触，范围遍布全国，放行后不再与相关人员进行联系等具体情况，分析提出可以将马某某、徐某某等人确定为行贿人的调查方向。监察机关根据马某某、徐某某等人以谋取不正当利益为目的直接给付刘某钱款，累计数额较高的具体事实，考虑到此类交通执法领域“黑中介”“车虫”的行为具有严重的社会危害性，应当予以打击，采纳检察机关意见，对本案9名涉案“黑中介”全部以行贿罪立案调查。监察机关、检察机关加强沟通配合，明确将转账记录、交易凭证及微信聊天记录等电子数据及行贿人供述与辩解、相关货车司机的证言等作为重点取证内容，为深入调查指明方向。

（二）移送洗钱犯罪线索，监督公安机关立案侦查。本案中，证人陈某雷应刘某要求，曾办理一张银行卡供刘某用于收取贿赂款。刘某在被调查期间，为掩饰收受贿赂行为，安排陈某雷将卡内赃款46万元取现转移，并将账户销户。经审查，陈某雷明知刘某为规避组织调查，银行卡内款项可能系受贿所得，仍实施上述行为，涉嫌洗钱犯罪。监察机关履行互涉案件组织协调职责，将该线索移送公安机关，检察机关监督公安机关对该案立案侦查。陈某雷最终被法院以洗钱罪判处有期徒刑一年，缓刑一年，并处罚金二万五千元。

（三）强化溯源治理，有针对性地制发检察建议。为积极服务保障中心大局，从源头上减少该类犯罪，检察机关向某市高速交警部门制发检察建议书，建议高速交警部门强化廉政教育、完善执法权监督制约机制。该市高速交警部门立即开展警示教育和自查自纠工作，专门邀请办案检察官在全市交警系统中层培训班开展专题授课，并对漠视群众利益、乱作为的交警进行调离，对发现的曾有乱收费行为的交警给予党纪政务处分，取得良好效果。

【典型意义】

（一）加大行贿案件查处力度，对危害严重的行贿犯罪零容忍。监察机关、检察机关在打击受贿犯罪的同时，要积极能动履职，重视依法查办行贿犯罪。对多次行贿、向执法司法人员行贿的，依法加大惩处力度，斩断各种形式的行贿受贿链条，净化执法司法环境。

（二）强化“双查”意识，同步审查洗钱犯罪线索。监察机关、检察机关在调查、审查贿赂案件时，要注重调取审查犯罪所得及其收益的来源、性质及去向的相关证据，如资金的转账、交易记录等，注意分析发现洗钱犯罪线索，并做好线索的移送和跟踪监督工作，更加有力地惩治犯罪。

（三）注重发挥源头治理作用，努力做到“办理一案、治理一片”。监察机关、检察机关根据案件反映出的问题，从多发、频发案件中发现深层次原因，可以通过制发监察建议书、检察建议书的方式，督促相关单位积极整改，加强廉政教育和建章立制工作，并有针对性地开展法治宣传、廉政宣讲，有效推进执法环境改善。

【相关规定】

《中华人民共和国刑法》第三百八十九条、第三百九十条、第一百九十一条

《中华人民共和国监察法》第四十五条

张某、陆某行贿案

【关键词】

行贿　追赃挽损　财产刑运用　纠正不正当非财产性利益　能动履职

【要　旨】

监察机关、检察机关要落实受贿行贿一起查的精神，强化协作配合，提高线索处置效率。加大对行贿犯罪所获不正当利益的追缴力度及财产刑的运用，纠正不正当非财产性利益。针对办案中发现的突出问题，积极能动履职、延伸职能，共同做好督促涉案单位整改落实工作。

【基本案情】

被告人张某，女，1962 年 2 月出生，汉族，退休职工。

被告人陆某，男，1961年11月出生，汉族，某职业技术培训中心员工。

2015年至2016年，被告人张某、陆某分别向担任某市城乡建设和管理委员会人才服务考核评价中心（以下简称考评中心）信息网络管理员的江某（已判决）请托，由江某利用其负责整理、报送本市建筑施工企业主要负责人、项目负责人和专职安全生产管理人员安全生产知识考试（以下简称三类人员考试）成绩数据的职务便利，私自将张某提供的278名、陆某提供的236名人员信息添加至其报送的数据中，并虚构考试合格成绩，帮助上述共计514人在未参加考试的情况下，获得三类人员考试合格成绩及《安全生产考核合格证书》。后张某先后52次给予江某共计32.89万元人民币（币种下同），陆某先后57次给予江某共计29.75万元，张某从中获利18.48万元，陆某从中获利4.12万元。

张某、陆某行贿案分别由上海市黄浦区监察委员会调查终结，上海市黄浦区人民检察院于2019年9月29日以行贿罪分别对张某、陆某提起公诉。同年10月25日，黄浦区人民法院作出一审判决，以行贿罪判处张某有期徒刑一年四个月，缓刑一年四个月，并处罚金十万元；以行贿罪判处陆某有期徒刑一年三个月，缓刑一年三个月，并处罚金十万元。一审判决后，被告人张某、陆某均未上诉，判决已生效。

【监察、检察履职情况】

（一）全面履行职责，从严查处行贿人员。本案系监察机关在办理江某受贿案时，发现张某、陆某存在重大行贿犯罪嫌疑并立案调查。经监察机关查明，张某、陆某的行贿对象系国家工作人员，行贿次数多、时间跨度较长且请托内容涉及建设施工安全生产管理领域，行贿行为危害性大，属于受贿行贿一起查的重点对象。行贿人的行为不仅侵犯了国家工作人员职务的廉洁性，也损害了相关资格考试的权威性、公平性，加之涉案人数众多、涉及建设工地数量众多，给建筑工程安全带来潜在危害。

（二）加强监检配合，充分发挥衔接机制对案件处置的作用。监察机关依托监检联席会议机制，加强与检察机关协调联动，通过商请检察机关提前介入、重大问题会商，加强工作衔接配合。同时，监察机关、检察机关积极履行追赃挽损职责，追缴本案行贿人因行贿犯罪获取的不正当利益。对于财产性利益，监察机关综合运用讯问、查询、调取、冻结、搜查等措施，对行贿人获利情况进行准确认定。检察机关审查起诉期间，行贿人主动退缴行贿所得财产性利益；对于非财产性利益，针对本案中考生未参加考试即获取《安全生产考核合格证书》这一情况，监察机关、检察机关督促考评中心及时纠正。鉴于对行贿人立案调查期间，大部分人员的合格证书已近失效期，经与相关部门沟通协商，督促相关人员必须尽快重新参加继续教育并考试，如未重新参加继续教育或考试成绩不合格，先前发放的证书予以作废。

（三）积极做好释法说理，全面提升执法工作效果。行贿人张某在监察机关调查江某受贿犯罪问题时，能够主动配合工作，但在对其本人的问题进行调查时，存有抵触情绪。办案人员贯通纪法情理，加强对行贿人普法宣传和教育，细致做好释法说理与心理疏导工作，促使行贿人转化认识。同时未对其采取留置措施，一步步为其“解心结”，最终张某认罪悔罪并表示愿意退缴非法所得。

（四）强化警示教育，以案促改，提升反腐败综治效能。监察机关和检察机关组织市住建委、驻市建设交通工作党委纪检监察组的30余名工作人员参加张某、陆某行贿案庭审旁听，开展廉政主题庭审教育活动。检察机关办案人员还赴涉案单位考评中心走访调研，向考评中心制发检察建议并公开宣告，明确指出考试数据管理、考风考纪要求、考务人员监督等方面存在的问题，并有针对性地提出升级技术系统、建立失信惩戒黑名单、建设廉政风险防控机制等建议。考评中心积极整改，重新建立了一套更为完善透明的考务工作制度、启用改进后的新机考软件和管理系统、采用非对称加密数据校验法报送数据，构建全市建筑施工安全生产领域考务工作的廉政制度防火墙与信息技术安全网。

【典型意义】

（一）强化对重点领域行贿犯罪的审查意识，提高查办行贿案件的能力。监察机关、检察机关要在办理受贿案件中注重梳理行贿犯罪线索，提高对行贿犯罪事实的认定和证据审查判断运用能力，加大对行贿犯罪惩处力度。同时持续强化监检协作配合，畅通移送线索渠道，形成惩治行贿犯罪工作合力。特别是针对关键领域行贿受贿犯罪案件查办过程中发现的线索，监察机关、检察机关要及时予以会商研判、加快线索移送、提高立案效率，形成对重点领域犯罪的严查快打态势。

（二）加大追赃挽损及财产刑的运用，最大程度消除行贿造成的不良后果。监察机关、检察机关在办理行贿案件过程中，要认真履行追赃挽损职责，尽力追缴非法获利，敦促行贿人退缴通过行贿行为获取的财产性利益，最大程度挽回损失。检察机关要依托认罪认罚从宽制度，促使行贿人自愿认罪认罚，结合行贿事实、情节、金额、获取不正当利益情况及认罪悔罪态度、退缴赃款赃物等情况，提出精准量刑建议并注重财产刑的运用。对于行贿所得的不正当非财产性利益，督促相关单位依照规定及时采取措施予以纠正，消除行贿行为产生的负面影响。

（三）强化能动履职，增强社会治理效能。在案件办理过程中发现腐败行为背后存在制度漏洞与管理隐患的，可以通过制发监察建议书、检察建议书等方式，积极督促相关单位或有关部门以案促改、建章立制，从制度层面查缺补漏，铲除行贿受贿等腐败行为滋生的土壤，实现对重点领域腐败问题的源头治理。注重开展多样化的警示教育，以案释法，加强宣传，以身边事教育身边人，以一案警示一方。

【相关规定】

《中华人民共和国刑法》第三百八十九条、第三百九十条

《中华人民共和国刑事诉讼法》第一百七十六条

《中华人民共和国监察法》第四十五条

《最高人民法院、最高人民检察院关于办理行贿刑事案件具体应用法律若干问题的解释》第十一条

陆某某受贿、行贿案

【关键词】

受贿行贿一起查　监检协作　审判监督程序抗诉　认罪认罚

【要　旨】

监察机关、检察机关要加强协作配合，在查办、提前介入受贿等案件过程中深挖行贿线索并补强相关证据，依法追诉。对以行贿手段获取立功线索导致原生效裁判错误的，要按照审判监督程序提出抗诉。强化释法说理，促使犯罪嫌疑人、被告人认罪悔罪，依法适用认罪认罚从宽制度，做到罚当其罪。

【基本案情】

被告人陆某某，男，1968 年 5 月出生，汉族，原系某省某县国有资产管理办公室副主任兼县中小企业贷款担保有限公司董事长。

2012 年 1 月至 2013 年 5 月，陆某某在担任某县中小企业贷款担保有限公司董事长期间，利用职务便利，为他人谋取利益，非法收受财物折合共计 4.82 万元人民币（币种下同）。2013 年 6 月 14 日，陆某某到浙江省缙云县人民检察院投案，并如实供述受贿犯罪事实。10 月 8 日，陆某某告知公安机关另案逃犯张某某行踪，后张某某被抓获。10 月 17 日，缙云县人民检察院以陆某某涉嫌受贿罪提起公诉。2014 年 10 月 20 日，缙云县人民法院判决陆某某犯受贿罪，但系自首且具有立功表现，免予刑事处罚；追缴陆某某违法所得 4.82 万元，上缴国库。判决作出后，陆某某未上诉，判决生效。

2019 年 8 月，缙云县监察委员会、缙云县人民检察院在办理某县公安局巡特警大队辅警王某某案件时，发现陆某某有行贿行为。经查，2013 年 8 月，陆某某请托王某某（已判决）帮忙找立功线索，并许诺事后感谢王某某。同年 10 月 8 日，陆某某从王某某处得知另案逃犯张某某行踪，遂向公安机关“报案”。事后，陆某某通过第三人送给王某某 20 万元，王某某予以收受。鉴于此前法院判决认定陆某某具有的立功表现系其通过行贿手段获取，导致原生效裁判错误，2019 年 8

月29日，浙江省缙云县人民检察院就陆某某受贿案提请浙江省丽水市人民检察院抗诉。9月5日，丽水市人民检察院向丽水市中级人民法院提出抗诉；9月24日，丽水市中级人民法院指令缙云县人民法院再审。

2020年8月17日，浙江省缙云县监察委员会以陆某某涉嫌行贿罪移送审查起诉。9月29日，缙云县人民检察院以陆某某涉嫌行贿罪提起公诉。12月25日，缙云县人民法院以陆某某犯受贿罪作出再审判决，判处有期徒刑一年，追缴陆某某违法所得4.82万元。12月30日，缙云县人民法院以行贿罪判处陆某某拘役六个月；与受贿罪数罪并罚，决定执行有期徒刑一年。判决作出后，陆某某未上诉，判决已生效。

【监察、检察履职情况】

（一）对关联案件提前介入，联合补证后提出抗诉。监察机关在查办王某某受贿、滥用职权、帮助犯罪分子逃避处罚一案过程中，发现陆某某曾为找立功线索向王某某行贿20万元。经监察机关商请，检察机关提前介入王某某一案。监察机关、检察机关共同商讨后认为，陆某某涉嫌行贿罪，陆某某原受贿案的免刑判决可能存在事实认定错误。检察机关经向原案承办人了解详情、调取原案卷宗材料，发现原案关于陆某某如何得知逃犯张某某位置信息等证据比较单薄。监察机关深入调查取证，补充郑某某等人的证言、相关人员的通话记录等书证，印证了王某某的供述，也证实了陆某某贿买立功线索的事实经过，查明陆某某系“假立功”。检察机关遂向上级检察机关提请抗诉，上级检察机关据此向其同级审判机关提出抗诉。

（二）加强监检协作，明确调查取证方向。陆某某涉嫌行贿罪，系原案的漏罪，在检察机关对陆某某受贿案抗诉的同时，监察机关对陆某某行贿一案全面深入调查。监察机关商请检察机关提前介入，商讨后共同认为，陆某某身为国家工作人员，向司法工作人员行贿以达到减轻罪责的目的，情节恶劣，应当依法追究刑事责任。调查终结后，监察机关将陆某某行贿案移送检察机关审查起诉。检察机关审查认定陆某某以 20 万元向王某某贿买立功线索构成行贿罪，依法提起公诉。

（三）监检协同补强证据，庭前消除控辩争议。行贿案审查起诉期间，陆某某辩称 20 万元系被王某某胁迫交付，拒绝认罪。辩护律师提出陆某某系被勒索，不属于行贿，且陆某某对抓获张某某起到了重要作用。针对陆某某的辩解及辩护律师的辩护意见，监察机关依法补充施某某等证人的证言、通话记录、抓获张某某经过的说明等证据材料。庭前，检察机关依据相关证据，就事实认定、量刑建议与辩护律师进行沟通，充分听取意见，得到辩护律师的认同，为进一步做好认罪认罚工作夯实基础。

（四）加强释法说理，促使态度转变。案件移送审查起诉后，陆某某仍存在强烈抵触心理。为促使陆某某认罪认罚，办案人员主动对接其所在单位，与其单位领导共同做陆某某的教育转化工作；通过辩护律师向陆某某讲明认罪认罚的意义，促使陆某某转化认识。经过多次释法说理，陆某某态度发生转变，愿意认罪认罚，并在辩护律师的见证下自愿签署了认罪认罚具结书。检察机关综合考量案情和陆某某认罪认罚情况，经与监察机关协商一致，建议对其适用认罪认罚从宽处理，一审判决后陆某某未上诉。

【典型意义】

（一）破除重打击受贿、轻打击行贿旧有观念，做到受贿行贿一起查。监察机关、检察机关要切实贯彻《关于进一步推进受贿行贿一起查的意见》，破除打击行贿不利于行贿人配合取证、影响查办受贿案件的片面观念，对向司法工作人员行贿、扰乱案件正常办理、妨害司法公正的，予以重点查处，从严惩治。对因行贿行为获得的“假立功”等生效裁判，依法履行审判监督职责，决不能让行贿人因行贿行为而获益。

（二）加强监检协作，增强打击行贿犯罪合力。监察机关、检察机关要始终坚持正确的政治方向，积极担当作为，善于抓住细节，加强关联案件比对，及时发现、深入挖掘行贿受贿案件背后的问题，依法立案查处、补充起诉、提出抗诉。在提前介入及后续处理阶段，监察机关与检察机关要主动加强工作衔接。就行贿事实认定、法律适用等重大问题，要加强会商沟通，夯实案件事实、证据基础，确保办案质量。

（三）坚持宽严相济，促使犯罪嫌疑人、被告人认罪悔罪。检察机关要认真听取犯罪嫌疑人及辩护人意见，充分释法说理，做好说服教育工作。积极向监察机关反馈案件办理过程中的情况，认真落实认罪认罚从宽制度，把宽严相济刑事政策落实到每一个刑事案件办理中，促进实现“三个效果”有机统一。

【相关规定】

《中华人民共和国刑法》第六十七条第一款、第六十八条、第七十条、第三百八十五条第一款、第三百八十九条第一款、第三百九十条

《中华人民共和国刑事诉讼法》第十五条、第一百七十六条、第二百五十四条

《中华人民共和国监察法》第四十五条

图书在版编目（CIP）数据

中央纪委国家监委　最高人民检察院发布的5起行贿犯罪典型案例．第二批．—北京：中国方正出版社，2023.3

ISBN 978-7-5174-1178-9

Ⅰ.①中…　Ⅱ.　Ⅲ.①贪污贿赂罪—案例—中国

Ⅳ.①D924.392.5

中国版本图书馆CIP数据核字（2023）第053991号

中央纪委国家监委　最高人民检察院

发布的5起行贿犯罪典型案例．第二批

ZHONGYANG JIWEI GUOJIA JIANWEI ZUIGAO RENMIN JIANCHAYUAN

FABU DE 5 QI XINGHUI FANZUI DIANXING ANLI DI' ERPI

中国方正出版社　出版发行

（100053　北京市西城区广安门南街甲2号）

保定市中画美凯印刷有限公司印刷　新华书店经销

2023年3月第1版　2023年3月北京第1次印刷

开本：880毫米×1230毫米　1/32

印张：1.25　字数：21千字

ISBN 978-7-5174-1178-9　定价：4.00元

邮购地址 100053　北京市西城区广安门南街甲2号

电话（010）66560645　66560950